AF312417

TRANSLATION SOLENNELLE DU CORPS

DE

SAINT VULPIUS

MARTYR

(NOMINIS PROPRII)

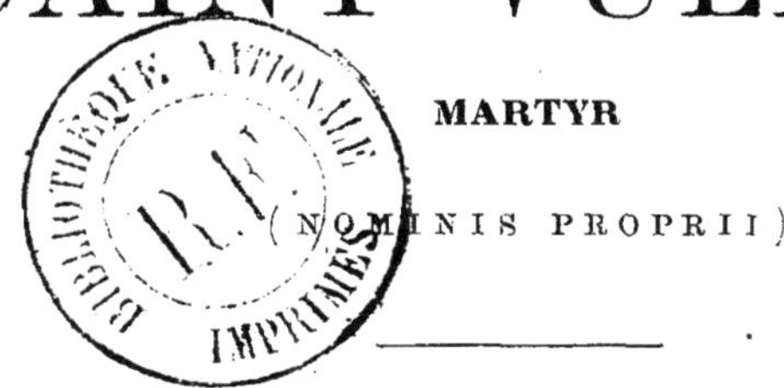

DESCRIPTION DES FÊTES

DONNÉES A CETTE OCCASION

LES 18 & 19 AVRIL 1877, AU PENSIONNAT J.-B. DE LA SALLE, DIRIGÉ PAR LES FRÈRES
DES ÉCOLES CHRÉTIENNES A BORDEAUX

SUIVIE DU PANÉGYRIQUE DU SAINT MARTYR PRONONCÉ

Par M. l'abbé LAPRIE

Chanoine honoraire, Professeur à la Faculté de Théologie de Bordeaux.

BORDEAUX

IMPRIMERIE ADRIEN BOUSSIN

RUE GOUVION, 20.

—

1877

TRANSLATION SOLENNELLE
DU CORPS
DE S. VULPIUS, MARTYR
(Nominis Proprii)

AU PENSIONNAT J.-B. DE LA SALLE, LE 18 AVRIL 1877

La Maison que le Seigneur édifie est semblable au palmier auprès des sources vives qui donne ses fruits en son temps. Naguère, il n'y a que trois ans, le Seigneur édifiait une maison dont il est permis de dire avec l'Esprit-Saint : « Sa gloire est toujours vivante, et tout ce qu'elle entreprend s'élève dans la prospérité. »

S'il vous avait été donné de la voir, cette année, les 18 et 19 avril, avec ses banderolles flottantes, avec ses mille ornements, parmi lesquels se détachaient tant de pieuses inscriptions :

A la gloire de Jésus-Christ :

Regem Martyrum Dominum, venite, adoremus.

Custodit Dominus omnia ossa eorum, unum ex his non conteretur (Ps.....);

En l'honneur de la reine des Martyrs :

Ave, Regina martyrum.

Regina martyrum, ora pro nobis.

. . . .

Et à la louange du jeune martyr :

Sancte Vulpi, ora pro nobis.

S'il vous avait été donné de la voir tout émue par l'allégresse, vous auriez dit : la Maison bénie prépare une grande solennité.

Essayons d'en retracer une pâle image dans les lignes suivantes; mais avant d'assister à la fête, qu'il me soit permis

d'en remercier les intelligents organisateurs et de les en féliciter. Instituteurs religieux de la jeunesse, ils avaient compris
que la puissance de l'éducation réside bien mieux dans les
exemples que dans les préceptes. Ils avaient compris que dans
ce siècle de défaillance, il fallait des héros pour former des
chrétiens. Aussi leur fête n'a été que la manifestation d'un
grand exemple, un appel à la vertu par la voix d'un jeune saint.

Il pleurait devant la statue d'Alexandre, l'orgueilleux
Romain, et il disait : « A mon âge, il était un héros et moi,
je n'ai encore rien accompli pour la gloire. »

Désormais, en voyant flotter sur leur nouvelle bannière
un nom tout resplendissant de la gloire chrétienne, mille
cœurs vont répéter, non plus avec orgueil, mais avec les
accents de leur foi renouvelée : « A notre âge il était un saint.
Soyons ses imitateurs. »

Après quinze siècles de repos, les ossements d'un jeune
martyr viennent de tressaillir nouvellement. Sous les traits
candides d'un enfant de treize ans, Saint Vulpius a quitté
Rome pour Bordeaux, où il est arrivé aimable et radieux
comme un ange. Couché dans une châsse d'or et d'argent, sur
la soie et le velours brillant de pierreries, l'enfant martyr
soutient un lis d'une main, une palme de l'autre. Son cou
virginal laisse couler le sang d'une large blessure, tandis que
sa tête, ombragée de longs cheveux blonds, se penche légèrement sur un précieux oreiller, comme pour donner son baiser
de paix.

Mais, à qui ce baiser est-il apporté ? Vulpius l'apporte à
une phalange de 500 jeunes élèves que la pensée chrétienne
a réunis comme par enchantement ! Nous désignons le collège
du Vénérable de La Salle (1) rue de Saint-Genès,
dirigé par les Frères des Ecoles chrétiennes. Etonnante
fécondité de la foi ! Malgré tant de persécutions, de calomnies,
de défaillances, il n'a fallu à de pauvres religieux que trois

______

(1) Ouvert le 3 janvier 1874 par le directeur actuel, Frère Léothéricien

ans d'existence pour fonder un collége de premier ordre ! C'est que de tels hommes sont les ouvriers de Celui qui couronne ses martyrs dès la première fleur de l'adolescence.

Afin d'offrir une hospitalité digne de lui au pèlerin des Catacombes, au nouvel ami de tant d'autres jeunes amis, le collége avait préparé des fêtes charmantes et splendides qui devaient durer deux journées entières. Ces beaux jours avaient été devancés dans les cœurs par des solennités toutes spirituelles, par une neuvaine et un triduum, à la suite duquel tous les élèves avaient pris place au banquet sacré.

M. l'abbé Menou, prédicateur du *Triduum*, a reçu dans ce fait très-édifiant, une bien douce récompense de son zèle.

Le premier jour, mercredi, sous la présidence de Son Eminence, une phalange d'adolescents en aube blanche et en tunique rouge, devait porter processionnellement le corps saint par les longues avenues du parc ; fleurs, oriflammes, parfums, hymnes sacrés, tout ce qui embellit une marche triomphale, tout devait s'unir.

Le ciel en pleurs nous a privés de cette partie de la fête, trop consolante sans doute pour la terre.

La Messe pontificale a été célébrée à neuf heures, et très-bien exécutée en plain-chant.

Dans une allocution d'un style plein de fraîcheur et d'aimables pensées, le vénérable M. Ouelly a complimenté Son Eminence avec ce bonheur qu'on n'obtient qu'avec la science de l'Ecriture et des Pères. Tous les cœurs ont applaudi, lorsque, par un heureux rapprochement, l'orateur a mis en scène le culte des reliques et saint Ambroise. On aimait à voir, à quinze siècles de distance, les pontifes de Milan et de Bordeaux se donner la main, ou plutôt se prosterner ensemble devant les saintes reliques. Notre éminent Cardinal était bien à sa place.

Son Eminence a répondu...... Nous sommes tous habitués à ces accents paternels qui se mélangent avec bonheur des souvenirs d'une carrière et si longue et si belle ;

de sentiments indignés contre le mal ; d'appréciations aussi sages que profondes ; de vœux ardents pour le triomphe de la vérité. Nous avons recueilli tous ces heureux fruits des lèvres de notre auguste pontife. De plus, nous savons désormais, par ses propres paroles, que l'établissement du collége n'est que la réalisation d'un vœu bien ardent et bien ancien de son amour. Son amour pour nous, telle est l'inspiration de tous ses discours, sa rhétorique ! Saint Jean accablé de travaux apostoliques, saint Jean couronné par la vieillesse n'en avait point d'autre !

Les vêpres solennelles, chantées à trois heures, ont été suivies du sermon donné par M. Laprie. Qui ne connaît l'orateur bordelais ? Nous sommes heureux de relater son éloquent Panégyrique à la suite de ce récit. Constatons seulement ici que le prédicateur a montré, une fois de plus, la fécondité de ses ressources. Sans avoir un véritable point d'appui dans la vie de son héros, il a néanmoins parfaitement édifié son discours, et dans le cas où tant d'autres se seraient débattus dans le vague des généralités, il a très-bien condensé et circonscrit son sujet par l'heureuse application qu'il en a faite à son auditoire : l'orateur lui a donné le jeune martyr comme son ami, comme son modèle et son protecteur.

La péroraison s'est terminée par le souvenir d'Albuquerque élevant au ciel un enfant pour calmer la tempête. Sous ce trait vivement lancé, l'auditoire a tressailli.

Un Salut solennel a terminé la journée.

Assistait à la cérémonie une très-noble assemblée. Parmi les conviés, nous avons distingué deux légats de Pie IX, un illustre général, des magistrats, plusieurs grands chefs militaires, plusieurs vénérables chanoines, le très-honoré Frère Irlide, Supérieur général des Frères des Ecoles chrétiennes, accompagné de son conseiller, Frère Junien.

Le Frère Irlide porte soixante-deux ans comme les autres en portent cinquante. Il est d'une taille moyenne, d'un abord simple et cordial ; mais son regard, quoique tempéré par la bonté, est vif, et le mouvement de ses yeux investigateurs est si rapide, que peu de chose doit échapper à son attention. Il se possède parfaitement quand il parle, et il parle avec autant de facilité que de suite. Du reste, il se montre assez actif dans ses actes pour faire deviner que le sang méridional est dans ses veines. Le Très-Honoré Frère doit être un vaillant administrateur et tout le monde sait qu'il est également distingué par son intelligence, par son zèle et par ses vertus. Le Frère Irlide était un des principaux ornements de la fête.

Le ciel répandait ses dernières larmes à travers de pâles rayons quand le second jour de fête s'est levé.

C'était jeudi. La solennité a été inaugurée par le chant d'une messe à grand orchestre. Cette œuvre vraiment magistrale est due à l'inspiration d'un simple Frère qui trouvait, comme les siens, du temps pour tout; du temps pour enseigner à l'enfance la prière unie à l'instruction et du temps pour écrire comme les Chérubini. On ne saurait nier que la composition ne soit originale, mais cette originalité elle-même revêt constamment les formes les plus attachantes. Ecoutez-bien les naïvetés gracieuses du *Gloria,* et les vigoureuses affirmations du *Credo* — aussitôt vous entendez les anges chanter devant la crêche, ou le chrétien fervent proclamer son symbole en face du monde défaillant.

Interprété par les jeunes élèves, soutenus par des artistes de premier ordre, leurs professeurs, la messe du Frère Léonce a été d'une exécution fort remarquable. Rarement on obtient plus de précision dans l'attaque ou des nuances mieux préparées, mieux réussies. L'exécution eût été parfaite, si la voix des hommes avait égalé par le timbre la fraîcheur des autres voix ; mais si les exécutants étaient jeunes, ce n'est pas une faute dont ils doivent se repentir.

Comment parler maintenant de la fête du soir, de ce drame émouvant scellé par le sang du jeune martyr, de cet orchestre et de ces chants admirables, de ces illuminations féériques dans les jardins? etc. Raconter ces petites merveilles, c'est dire le dernier mot de tout ce que l'intelligence, le zèle, le bon goût sont capables de produire dans un grand collége.

Un mot sur la pièce dramatique : *

(Charles) Vulpius a été charmant de candeur, d'entrain et de sentiment. Bien des larmes, assurément, bien des larmes de mère ont dû couler aux accents émus de sa voix enfantine. Le cher petit, il n'a que onze ans, et pourtant sa mémoire, plus heureuse encore que ses chants, n'a jamais failli, pendant deux heures de représentation.

Qu'ils sont touchants les accents de sa voix au moment de son sacrifice :

Enfin voici le jour
Où le Seigneur m'appelle au céleste séjour,
Viens, ô mort, viens, tu fais mon espérance ;
Mételle, prends mon sang ; qu'il coule en abondance ;
N'épargne aucun tourment pour me faire souffrir
Et jouir plus longtemps du bonheur de mourir !
O doux repos du cœur au milieu des supplices,
Pourrai-je m'endormir dans vos chastes délices !
Vous, dont les bons combats sont déjà couronnés,
Saints martyrs, dont les noms de gloire sont ornés,
Dans l'éternel séjour daignez m'être propices ;
Instruisez un chrétien à braver les supplices.....
Grand Dieu, maître absolu des peuples et des rois
Dont on m'a fait connaître et l'amour et les lois,
Je vais dans une noble et nouvelle carrière
Soutenir du chrétien l'auguste caractère.
Vous m'appelez, Seigneur, à braver les tourments,
Ne m'abandonnez pas dans ces heureux moments.
Jusqu'au dernier soupir, que je vous sois fidèle.
Mais quel est ce prodige?... Une voix qui m'appelle !
O Dieu, quelle clarté ! Je vois les cieux s'ouvrir,
Les esprits bienheureux vers la terre accourir...
Jésus-Christ me présente une gloire ineffable.....
Il s'approche de moi... de sa main adorable
Il veut me couronner. Attendez, Dieu sauveur,
Je n'ai point mérité cette insigne faveur !

(*) Œuvre de feu M. l'abbé Robert, modifiée pour la circonstance ; musique de M. Limagne, professeur au Pensionnat des Frères, à Paris-Passy.

> Sans combat, puis-je entrer dans le sein de la gloire?
> Ne faut-il pas d'abord remporter la victoire ?
> Seigneur, pour mériter un si glorieux sort,
> Je me livre au bourreau et j'affronte la mort.

A vous aussi Lysandre, à vous, père de Vulpius, un bon souvenir, écoutez :

Si votre action n'a point réalisé toute l'illusion possible, c'est que vous avez les aimables défauts de vos qualités. Vainement la tragédie a voulu créer en vous un Romain, un Romain du paganisme ! Vainement en vous ornant du cimier et du glaive, en vous prêtant même la majesté de la barbe, elle a voulu vous rendre terrible ! Mais aussi pourquoi votre doux visage et pourquoi dans vos yeux cet aimable reflet des flammes adolescentes? Oh! que le grand Jupiter était mal à l'aise sur vos lèvres chrétiennes et que la charmante Hébé avait petite part dans votre cœur.... Je suis porté à croire que Dieu vous a donné une tendre Mère plus aimable que la déesse, et qui vous va mieux encore que Jupin tonnant. Tout cela est votre faute ! Laissez-moi vous dire cependant que votre intelligence vous a rendu maître de la situation, autant qu'à votre âge on peut la conquérir.

Enfin, Vulpius a répandu sa vie pour la foi, et son martyre intercède au ciel pour le salut de son père égaré. La voix du sang filial est entendue, car voici la grâce qui descend, et la conversion de Lysandre commencée, comme il arrive souvent, par un motif humain, se surnaturalise bientôt par un effet céleste.

Ici, cher enfant, vous avez été tout ce qu'un jeune acteur pouvait être. Revenu à votre élément, aux régions de la foi chrétienne, vous avez pris en maître possession de votre rôle qui a remué tout l'auditoire.

Pour nous, nous plaçons cette partie du drame parmi celles qui ont le plus intéressé l'assistance.

Comme on voit la lumière du jour, au milieu des fraîches harmonies du matin, s'étendre peu à peu jusqu'à son parfait épanouissement, on voyait les rayons de la grâce grandir progressivement dans l'âme du nouveau converti. La foi et la charité s'étendant parallèlement, le païen devient un héros qui non-seulement va mourir pour le Christ, mais qui pardonne en mourant au meurtrier de son propre fils.

Et, pendant ces instants mystérieux, on entendait une harmonie plus mystérieuse encore. Des accords dont on recherchait vainement la source, des accords montaient si doux, si doux, si complets que l'atmosphère semblait imprégnée d'harmonie. Chaque atome avait comme une voix pleine de charmes et de mystère.

Suivez cette progression de la grâce :

Il n'est plus ce cher fils, objet de mon amour !...
Et je puis voir encore la lumière du jour ?
Il n'est plus ! mais pour vous, divinités futiles,
A qui j'ai trop longtemps fait des vœux inutiles,
Vous trahissez celui qui vous était soumis !
Eh bien ! pour me venger du meurtre de mon fils,
J'adorerai son Christ, il aura mon hommage.
Qu'ai-je dit?... Mais je sens comme un secret langage
Qui me touche le cœur, qui m'éclaire... bien plus
Je crois entendre encor la voix de Vulpius.
Ce Christ, me disait-il, revêtu de puissance,
Un jour reparaîtra pour venger l'innocence.
Heureux qui se soumet à ses augustes lois !
Je ne résiste plus... je reconnais ses droits.
O Dieu de Vulpius, daignez être mon maître ;
Si je vous connais peu, j'espère vous connaître,
Encor plus vous aimer... Recevez cependant
Et mon premier amour et mon premier serment.
Pardonnez aux excès où mon âme infidèle
Naguère s'emportait dans sa douleur cruelle.
Mételle, tu n'as plus à craindre mon courroux :
Ma vengeance, Seigneur, je la remets à vous.
O mon fils ! c'est à toi que je dois cette grâce
Et ce Dieu que tu vois maintenant face à face
Exauce enfin le vœu qu'il t'avait inspiré ;
Mon changement t'est dû, ta mort l'a procuré.

. Tes vertus, tes leçons, ton sang et ta prière
Ont apaisé le ciel, ont converti ton père.
Non, mon fils, je n'ai plus d'autre Dieu que le tien.
Désormais je veux vivre et mourir en chrétien.
Puisse le gouverneur, à qui je vais l'apprendre
Réunir dès ce jour Vulpius et Lysandre.

Que dirons-nous maintenant du grand-prêtre, sinon que nous aurions de bien graves embarras pour réconcilier ce fougueux pontife avec la liberté de conscience. Quelle ardeur! Allez, mon fils, la Déesse en gardera bonne note.

Plus calme et moins persécuteur le juge a eu d'heureux moments. Il y avait là du type.

Les gardes etaient de bronze dans leur attitude pittoresque.

Les groupes des enfants, soit devant l'autel d'Hébé, soit au pied de la croix n'ont rien laissé à désirer. Avec leurs couronnes au front, et les fleurs à la main, avec leurs traits angéliques surtout, qu'ils paraissaient radieux ces essaims de jeunes compagnons !

En somme, nous pouvons affirmer que tous les acteurs ont été généralement à la hauteur de leur rôle, et que chaque tableau scénique a vivement intéressé l'auditoire.

Toutefois, nous devons des félicitations plus spéciales aux organisateurs de la dernière scène, de la scène des Catacombes. Cette phalange de jeunes enfants, portant des lis et chantant des prières sous la sombre voûte de la mort, cette clarté subite et radieuse qui a lancé des flammes colorées sur toute la scène, et au milieu desquelles le jeune martyr sortant du tombeau s'est élevé vers le ciel dans un nuage d'or et des flots d'harmonie, tout cela a été d'un effet incomparable.

Que d'autres louent les virtuoses qui nous ont charmés de leurs accords pendant toute la soirée. Pour nous, nous serions impuissant à redire tout ce qui est sorti d'admirable de cette pléiade harmonieuse.

La soirée s'est terminée, au bruit de marches guerrières.

par un feu d'artifice dont le bouquet a offert un calice diamanté supportant une hostie avec le nom de Saint Vulpius. Un martyr est aussi une hostie et c'est l'hostie par excellence qui enfante les martyrs.

On disait qu'il y avait là cinq mille spectateurs.

Assurément, les jeunes élèves des Frères auront compris tout le sens de cette manifestation religieuse. Avec leur raison adolescente, ils sauront, comme nous, rapprocher la solennité de ces deux faits : Un enfant meurt pour Jésus-Christ sous les coups du bourreau et l'enfant s'endort humblement dans sa tombe, pendant quinze siècles. Que d'empires, que d'institutions, que de grands hommes se lèvent, se heurtent et disparaissent à jamais, durant ce long sommeil! De ces empires, en effet, de ces institutions, de ces hommes, qui en a souci au XIXᵉ siècle? Pour ces héros et ces choses, aujourd'hui, plus de haine ni d'amour; mais l'enfant martyr rompant le sceau de son sépulcre, vient présenter au monde ses membres mutilés; aussitôt l'amour, les louanges jaillissent de tous les cœurs.

Et pourquoi cet amour, ces louanges? C'est que nous aimons, c'est que nous adorons aujourd'hui, Celui qu'adora, Celui que Vulpius aima jusqu'à l'effusion du sang. Depuis son holocauste, tout a changé dans le monde, excepté le symbole du martyre, symbole toujours persécuté, toujours livré au méchant.

O nos jeunes amis! saluez dans Vulpius la perpétuité, la divinité de votre foi, et si jamais, dans les luttes qui vous attendent, votre cœur hésitait, regardez votre patron, signez vos fronts de son noble sang et répétez, dans la fierté chrétienne :

« Nous sommes les enfants des martyrs ! »

GABRIEL SERVAT,
Curé de Saint-Nicolas.

PANÉGYRIQUE DE SAINT VULPIUS

> Quis est iste qui venit... tinctis vestibus de
> Bozra... formosus in stola sua ?
> Quel est celui qui vient de Bozra avec un
> manteau d'écarlate et qui paraît si beau sous
> son vêtement d'honneur ! (Is. LXIII. 1).

EMINENCE, *

MESSEIGNEURS, **

TRÈS-HONORÉS FRÈRES,

CHERS ENFANTS,

Dans le texte que je viens de citer, pour qu'il s'applique parfaitement et en toutes lettres au héros de cette fête, il suffit de traduire Bozra par catacombes ; et fût-il jamais une traduction plus légitime ? Bozra, en effet, nous disent les Commentateurs, signifie étymologiquement trois choses : *munitionem, tribulationem, vindemiam,* forteresse, tribulation, vendange. (Corn. a Lapide, in Is. CLXIII).

Or, ces trois idées ne se rapprochent-elles pas de l'idée essentielle des catacombes jusqu'au point de se confondre avec celle-ci ?

Est-ce que les catacombes n'étaient pas une forteresse, une forteresse souterraine où les chrétiens s'étaient retranchés pour y abriter leur foi et leur liberté proscrites ? Est-ce que les catacombes n'étaient pas aussi l'asile de la tribulation, de

(*) S. E. le Cardinal Donnet, Archevêque de Bordeaux.

(**) MMgrs Nava di Bontifè, Ablegat apostolique et Antonio Sabatucci.

la tribulation généreusement supportée pour l'amour de Jésus-Christ et se consolant dans l'ombre au pied des autels par la pieuse contemplation des choses qui ne se voient pas *non contemplantibus nobis quæ videntur, sed quæ non videntur ?* (II. COR. IV, 18).

Et les catacombes n'éveillent-elles pas enfin le souvenir d'une vendange sans pareille, vendange non point de vin, mais de sang, vendange où les adorateurs de Jésus-Christ furent foulés pendant trois cents ans, comme on foule la grappe, sous ce colossal pressoir qui s'appelait la puissance des Césars et se composait de toutes les forces de ce monde mises au service d'une haine et d'une férocité surhumaines ?

Oui, les catacombes réalisent la triple signification étymologique du mot Bozra et Bozra peut légitimement se traduire par Catacombes.

Or, les catacombes, sur l'ordre de la sainte Eglise romaine, viennent d'envoyer à ce Pensionnat encore naissant et déjà illustre le corps d'un jeune Saint qui reposa pendant une longue suite de siècles dans les cryptes de la Rome souterraine.

Et pour célébrer l'arrivée de ces saintes reliques, pour leur faire une réception solennelle, le Pensionnat des Frères des écoles chrétiennes a organisé une fête splendide.

Vous y avez convié le printemps, mes très-honorés Frères, et le printemps s'y est rendu semant à pleines mains sur son passage les émeraudes, les rubis, les saphirs avec.toutes sortes de fragilités charmantes.

Vous avez convié celui que votre Institut est fier d'appeler son Supérieur général, et le Supérieur général s'est empressé d'accourir.

Vous avez convié de vaillantes épées, d'honorables magistrats, des prêtres modèles et tous ces conviés, tous ces amis sont là formant autour du sanctuaire une décoration vivante.

Avant tout et par dessus tout enfin vous avez invité à cette solennité l'éminent Cardinal qui depuis quarante-deux ans gouverne le diocèse de Bordeaux. Et nos yeux le contemplent présidant notre assemblée dans l'éclat de sa pourpre, de ses cheveux blancs et d'un zèle qui ne sait pas vieillir.

Il est vrai que le soleil s'est fait vainement attendre, mais en revanche nous avons la fortune de posséder deux prélats romains qui n'étaient pas attendus, et dans la personne de ces deux prélats il nous semble voir un double rayon de cet auguste et très-doux soleil de l'Eglise qui s'appelle le souverain Pontife Pie IX.

Toute cette assistance, Messeigneurs, est heureuse de vous voir et me charge de vous le dire : *Viva Pio nono !*

Quel est-il donc celui dont on fête ici la venue, en lui décernant un si beau triomphe ? Quel est-il celui qui vient de Bozra avec un manteau d'écarlate, et qui paraît si gracieux sous son vêtement d'honneur ? *Quis est iste, qui venit tinctis vestibus de Bozra, iste formosus in stola sua ?*

Telle est la question qui fera le sujet de ce discours. Puisse ma parole ne pas être trop indigne de mon sujet et de ce brillant auditoire.

I

Je dis que le bienheureux venu de Bozra, venu des Catacombes, se présente ici avec trois titres principaux.

Désignons-les l'un après l'autre.

Et d'abord Saint Vulpius sera pour les élèves de ce cher Pensionnat un ami nouveau, un ami céleste qui les aimera d'un angélique amour, et qu'ils doivent aimer eux-mêmes de toute leur tendresse.

Des amis ! chers enfants, vous en avez abondamment sur la terre, car c'est le privilége de votre âge de captiver l'affection et d'attirer la bienveillance.

Les nombreux et divers dévouements dont vous êtes l'objet forment autour de vous comme une atmosphère de chaudes sympathies. Vous avez un père et une mère qui ne vivent que pour vous ; vous êtes le centre autour duquel gravite leur vie, en pénétrant la vôtre de tous les rayons qui partent de leur cœur.

Ceux que vous appelez vos maîtres sont pour vous d'autres pères et vous regardent comme leurs enfants ; vous êtes après Dieu ce qu'ils ont de plus cher.

A côté des bons Frères, il y a des prêtres qui s'occupent du soin de vos âmes ; ceux-ci vous aiment plus que tous parce que l'onction du sacerdoce est une grâce de tendresse surnaturelle, et que cette tendresse s'épanche de préférence et sans réserve, sur ceux que se plaisait à caresser et à bénir le Prêtre par excellence, le Prêtre éternel, Jésus-Christ notre adorable Sauveur

Des étrangers et des indifférents, il n'y en a pas pour vous ; il suffit de vous voir pour vous aimer.

Sachez, néanmoins, chers enfants, qu'il est un autre monde où vous êtes incomparablement plus aimés que vous ne l'êtes ici-bas. Cet autre monde c'est celui qu'habitent les élus.

Oui, c'est dans ce monde invisible, mais qui n'est séparé du nôtre que par le plus léger des voiles, c'est dans le monde de l'éternelle gloire que vous avez, comme nous tous, du reste, vos meilleurs amis. Tous ceux qui le composent sont sans cesse inclinés vers nous par un mouvement de tendre intérêt ; nous ne pouvons faire un faux pas sans qu'ils tressaillent d'une sainte sollicitude ; nous ne pouvons faire une bonne action sans qu'ils s'en réjouissent. Or, le saint qui fait aujourd'hui sa triomphale entrée dans votre demeure, est l'un des citoyens de ce royaume supérieur.

C'est donc dire déjà qu'il vous aime plus que ne vous aiment et vos parents, et vos maîtres, et vos prêtres et qui que ce soit sur la terre.

Mais ce qui augmente singulièrement cet amour, cette tendresse, ce sont les similitudes qui existent entre ce que vous êtes et ce qu'il fut lui-même, similitudes telles que Vulpius voit en vous des frères.

Ses frères, ne l'êtes-vous pas en premier lieu par la similitude de l'âge ? Vous avez le bonheur de n'être encore que des enfants ; or, Vulpius se souvient qu'il fut un enfant comme vous, qu'il ne fut jamais autre chose. D'après l'inspection de ses reliques, la science a reconnu qu'il atteignit à peine le nombre d'années qu'ont atteint les plus âgés d'entre vous. Nous ne savons pas au juste combien de temps il passa parmi les hommes, mais nous savons qu'après avoir franchi les limites de la première enfance, il s'avança de quelques étapes, de quelques étapes seulement, dans la seconde, dans cette seconde et radieuse enfance que les Latins appelaient *adolescentia,* mot emprunté d'un autre qui signifie exhaler des parfums, comme si l'adolescence était la vie en fleur, comme si cet âge avait le don d'embaumer l'air qu'il respire. Vulpius voit donc en vous de jeunes chrétiens qui sont ses frères par la similitude de l'âge.

Et n'êtes-vous pas aussi ses frères par la condition de votre famille ? Il me serait facile, en effet, de démontrer par le nom tout seul de Vulpius que si ses parents n'appartenaient pas à la Société patricienne, ils occupaient au-dessous un rang distingué. Il me serait facile d'établir que notre Vulpius était ce que la langue romaine appelait *puer ingenuus,* un enfant de condition libre, un fils de famille. Mais à quoi bon insister sur ce point ? J'entends retentir à mes oreilles la grande parole de saint Paul au sujet de l'égalité évangélique : « Libres ou esclaves tous sont un en Jésus-Christ. »

Et si Vulpius voit en vous des frères par l'âge, des frères par la condition sociale, n'y a-t-il pas entre vous et lui une troisième similitude, une troisième fraternité ? Cette carrière des études élémentaires qui est la vôtre, ne fut-elle pas aussi la sienne, la seule dont il ait connu les devoirs ?

Nous n'avons, il est vrai, aucun document qui nous l'atteste d'une façon positive ; mais étant donné et son âge et la condition de sa famille, vu d'ailleurs les habitudes de la société romaine en ce temps-là, nous pouvons hasarder, sans crainte de grave erreur, que Vulpius était un écolier comme

vous, que ses jours se passaient comme les vôtres à étudier les éléments des lettres et des sciences profanes. Ils durent se passer surtout à étudier l'art de la milice chrétienne, l'art de vivre pour Jésus-Christ, de combattre pour sa gloire, de mourir pour son amour. C'est en quoi consiste le but suprême de la véritable éducation chez les peuples baptisés.

Pour vous diriger vers ce but, chers enfants, pour vous initier à ce qui doit vous le faire atteindre, vous avez trouvé dans votre Pensionnat des hommes de Dieu dont la vie est pour vous la plus éloquente des leçons. Bénissez Dieu de votre sort ! Quant à Vulpius les exemples éloquents ne lui manquèrent pas non plus. Il y avait des chrétiens alors ! comme dit Bossuet, et, grâce à la persécution, les chrétiens étaient des saints ; mais du reste son pensionnat différait profondément du vôtre. Son pensionnat à lui, l'école où se faisait principalement son éducation chrétienne, c'était sans aucun doute, après le foyer de la famille, l'intérieur des catacombes. Or, là on ne voyait point comme chez vous de ces constructions qui font l'admiration des passants ; là, point de jardin, point de vastes esplanades plantées d'arbres vigoureux, là point d'espace pour la liberté du regard, là pas même de soleil avec sa lumière et sa chaleur. Au lieu de tout cela c'est un séjour souterrain, où Vulpius ne pénètre que par quelque entrée furtive et aux heures du crépuscule ; ce sont d'étroits corridors dont les parois sont garnies de tombeaux disposés par étages depuis le sol jusqu'à la voûte. Ce sont de loin en loin quelques chambres taillées dans le tuf, et qui suffisent péniblement à une réunion de vingt à trente fidèles. Des lampes sépulcrales remplacent la clarté du jour. On ne respire partout qu'un air appauvri et pesant.

Tel était le pensionnat que fréquentait Vulpius. Pour s'y rendre, il lui fallait sortir de la ville, longer des rues où étaient affichés à tous les coins des édits de mort contre les chrétiens, traverser des places hérissées de supplices inventés à leur intention.

Quant aux leçons qu'il recevait aux catacombes, en fût-il jamais de plus hautes, de plus persuasives ? Tout ce qu'on voyait dans ce séjour, tout ce qu'on y entendait parlait d'abnégation, de mépris de la vie, de désir du ciel. On faisait là l'apprentissage du martyre.

Et les évènements prouvèrent que Vulpius avait profité des leçons reçues.

En somme, il y a trois similitudes, trois fraternités qui vous recommandent à la tendre prédilection du jeune Saint nouveau venu dans ces lieux. C'est pourquoi il me semble le voir qui vous ouvre son cœur, son cœur tout brûlant des saintes et belles flammes qui là-haut consument délicieusement les élus, et vous regardant avec une tendresse que je ne saurais peindre parce qu'elle n'est pas de la terre, il vous dit : « Je suis venu à vous parce que je vous aime. *Quoniam* » *charissimi nobis facti estis* (1 Thess. ii, 8).

» Je vous voyais du haut du ciel et j'ai voulu me rapprocher » de vous et celui dont il est écrit qu'il fait la volonté de » ceux qui l'aiment (Ps. 144, 9) m'a permis de réaliser mon » désir. Si la main des hommes a eu sa part dans l'affaire, » apprenez que la main des hommes n'a été que l'instrument » de la Providence divine. Et me voici parmi vous; mais être » parmi vous, être à votre côté, ce n'est que le commencement » de mon ambition. Je veux être en vous et je veux que vous » soyez en moi.

» Laissez-moi donc vous attirer en moi par l'affection, *os* » *nostrum patet ad vos* (ii. Cor. vi. 10). Entrez tous dans » mon cœur, vous n'y serez point à l'étroit. *Non angustiamini* » *in nobis* (ii. Cor. vi. 12). Soyez en moi et moi en vous, ne » faisons qu'un désormais par la réciprocité d'une tendresse » qui ira sans se lasser de votre âme à mon âme, et de mon » âme à la vôtre. »

C'est ainsi que Vulpius vous parle. Et vous que lui répondrez-vous ? Ne lui répondrez-vous pas, chers enfants, qu'en retour de sa tendresse vous lui donnerez la vôtre, toute la vôtre ?

C'est le mouvement naturel de votre cœur de chercher dans les compagnons de vos études et de vos jeux des sympathies qui sourient à vos propres sympathies. Toutes les âmes généreuses se souviennent d'avoir connu et goûté à votre âge ces amitiés printannières dont aucune liaison ultérieure ne peut effacer la trace, parce qu'aucune ne peut en égaler le charme ; jusqu'à la dernière vieillesse elles laissent à l'âme un souvenir parfumé.

Eh bien ! chers enfants, ne craignez pas d'abandonner votre cœur à sa pente. S'il lui faut un ami, en voici un, qui vous demande la préférence et qui la mérite. Accordez-lui ce qu'il vous demande. Faites avec lui le pacte d'amitié que firent ensemble Jonathas et David. *Inierunt autem David et Jonathas fœdus* (1 REG. XII. 3).

L'âme de Jonathas, dit la sainte Ecriture, était *conglutinée* à l'âme de David. Jonathas l'aimait comme un autre lui-même.

Et Jonathas se dépouilla de sa tunique pour la donner à David ; après lui avoir donné sa tunique, il lui donna tout le reste jusqu'à son arc, jusqu'à son baudrier.

Que Vulpius, chers enfants, soit pour chacun de vous un autre David, et soyez tous pour lui-même d'autres Jonathas. Il ne vous demande ni votre tunique, ni votre arc, ni votre baudrier, il ne vous demande que votre amitié en échange de la sienne.

Donnez-la lui votre amitié, votre amitié fleurie, et en prenant la sienne, efforcez-vous de prendre aussi ses vertus, car il ne vient pas seulement pour être votre ami, il vient pour être votre modèle.

II.

Oui, voici le deuxième titre avec lequel se présente ici le jeune saint venu de Bozra, venu des Catacombes.

En même temps qu'un ami qu'ils doivent aimer, Vulpius sera pour les élèves du Pensionnat des chers Frères un modèle qu'ils doivent imiter.

Mais que peut-on imiter dans un saint, dont l'histoire est restée ensevelie, en des ombres plus profondes que celles des cryptes sacrées où son corps fut trouvé il y a deux siècles ?

Sans doute, nous ne savons de l'histoire de Vulpius que ce qui nous est révélé par l'inscription de sa tombe et cette inscription, cette épitaphe se réduit à un seul mot, le mot de martyr : **Vulpius, martyr;** du reste, pas un seul détail. Mais quel besoin avons-nous de détails ? Ne comprenez-vous pas que les détails sont inutiles; ne comprenez-vous pas que ce mot de martyr au sommet d'une vie de quinze ou seize ans, projette une vive et rayonnante lumière sur toute la courte existence qui le supporte ?

Si Vulpius fut martyrisé dans la fleur de ses années, la raison de ce fait n'est pas difficile à deviner, et cette raison la voici : C'est que Vulpius avait mérité cet honneur par de précoces vertus ; c'est que l'innocence exceptionnelle de ses mœurs l'avait trahi et dénoncé aux persécuteurs comme coupable de piété chrétienne, comme l'un de ceux qui se vantaient de porter Jésus-Christ au dedans d'eux-mêmes ; c'est qu'en un mot il était déjà mûr et pour les supplices et pour le ciel, *Consummatus in brevi.* (SAP. IV. 13).

Quand viendra le jour des grandes révélations, le jour où le Souverain Juge glorifiera devant son père et devant les siècles ressuscités ceux qui l'auront glorifié lui-même en face des bourreaux, quand viendra ce jour suprême où toutes choses seront manifestées, nous saurons alors le courage qu'eut à déployer notre Vulpius au jour de son grand combat, et par quels prodiges d'héroïsme, il conquit cette palme dont l'image fut religieusement gravée sur son tombeau par les mains qui l'avaient enseveli.

En attendant, il nous est permis de conjecturer que le courage du jeune héros fut soumis à des épreuves plus qu'ordinaires.

Je remarque, en effet, dans la pièce de la chancellerie romaine envoyée ici avec le corps de Vulpius, que ce corps a été trouvé dans les catacombes de Saint-Calépode; or, comme ces catacombes ne furent ouvertes que sous le règne d'Alexandre Sévère, j'en conclus que Vulpius fut une victime des dernières persécutions césariennes. Et qui ne sait que les dernières persécutions des Césars furent de toutes les plus terribles ? En ces temps-là, les chefs de l'Empire avaient promis des récompenses aux magistrats qui se distingueraient par leur zèle contre les disciples du Crucifié et feraient preuve de génie en inventant des supplices inouïs. Jusqu'où alla le zèle des magistrats qui prétendaient à ces primes, et ils y prétendaient tous, les historiens renoncent à le dire. Les chevalets, les ongles de fer, les lanières plombées, les chaudières d'huile bouillante, les scies à dents de bois, tout cela n'était plus que des tortures usées, démodées, sans intérêt. On avait remplacé ces vieux systèmes par des systèmes plus savants qui produisaient une somme de souffrances beaucoup plus considérable et divertissaient plus agréablement le public. C'est en quoi consistait alors le *progrès*.

L'élément que le progrès exploitait de préférence, c'était le feu.

Ecoutez ceci, chers enfants :

Pour que les chrétiens condamnés à mourir par le feu souffrissent plus longtemps, on s'appliquait à ne les brûler qu'en détail et petit à petit. On commençait par les suspendre à des poteaux dressés exprès, puis, sous leurs pieds, on allumait un petit bûcher. Quand les pieds étaient carbonisés, on promenait lentement des torches ardentes sur toutes les parties du corps des victimes. Dans la crainte que l'excès de la soif ne hâtât la mort des patients, on leur jetait de l'eau fraîche sur le visage, on les obligeait même à boire. Ajoutons que pendant le cours de ces effroyables agonies, les bourreaux ne manquaient pas de présenter aux martyrs de petites idoles en leur disant : « Adore, et tu seras délivré. »

Est-ce ainsi, ô Vulpius ! que vous fûtes martyrisé ?

Quoi qu'il en soit nous pouvons affirmer que le courage

de notre martyr eut à se mesurer avec une barbarie infernale, et qu'il fut plus fort qu'elle.

En somme Vulpius se plut à porter le joug du Seigneur dès ses jeunes années; et n'étant encore qu'à l'aurore de son adolescence, il conquit par son courage la palme d'un glorieux martyre.

Et voilà ce qui fait de lui un modèle pour les élèves du Pensionnat des chers Frères.

Or, ce modèle, chers enfants, c'est à vous de le contempler et d'en reproduire la perfection.

De même qu'à titre de céleste ami il vous disait tout à l'heure : Aimez-moi ; de même à titre de modèle il vous dit : Imitez-moi. *Imitatores mei estote* (PHILIPP. III, 17.)

Appliquez-vous donc comme il le fit lui-même à orner votre enfance de toutes les vertus qui composent la piété chrétienne. Comme Vulpius, portez Jésus-Christ au-dedans de vous-même, dans la pureté d'une vie qui craint moins la mort que la souillure. *Portate Deum in corpore vestro* (1 COR. VI 20).

Comme lui préparez-vous de la sorte aux combats que l'avenir vous réserve ; préparez-vous à être un jour les martyrs de Jésus-Christ. Et ce jour ce sera le lendemain de celui où votre adolescence sera définitivement transplantée dans le monde.

Quoi donc ! est-ce que ce jour-là il s'agira pour vous de verser votre sang sur les échafauds de la persécution ? Nullement, ou du moins la chose n'est pas probable. Mais ce jour là, le jour où vous quitterez votre pensionnat pour vous engager dans les diverses carrières qui vous attendent, et vous frayer votre chemin à travers les difficultés de la vie, il s'agira pour vous d'être les témoins de Jésus-Christ, au milieu d'une société qui est en train de redevenir païenne ; or, martyr signifie simplement cela : temoin, témoin de Jésus-Christ.

Il s'agira de dire publiquement, à la face du siècle, non-seulement par vos discours, mais par toute votre conduite, il s'agira de dire la parole des martyrs: Je suis chrétien.

Eh bien ! marchant sur les traces de notre Vulpius, vous aurez le courage de la dire cette grande parole qui met sous nos pieds, sous les pieds même d'un enfant, le monde entier.

Vous aurez comme Vulpius le courage de donner au monde le spectacle de cette merveille qui s'appelle « un jeune homme chrétien. »

Connaissez-vous un but plus digne de votre ambition et de vos efforts ?

Non, rien n'est grand ici-bas comme cette union de la jeunesse et de la sainteté chrétienne au milieu de Babylone. Le grand c'est ce qui mérite l'admiration. Or, qu'est-ce qui mérite l'admiration ici-bas ? Ce n'est pas la fortune, je pense, la fortune poussière décorée d'un nom éblouissant, mais toujours de la poussière ; ce n'est pas le pouvoir, manteau respectable en soi, mais qui semble tomber au hasard sur toutes sortes d'épaules ; ce n'est pas le génie, simple éclair qui traverse l'esprit de l'Orient à l'Occident et s'éteint aussitôt; ce qui mérite uniquement l'admiration, c'est la vertu chrétienne, cette vertu qui consiste à gravir les hauteurs de la sainteté, sans faillir ni à droite ni à gauche, sans s'inquiéter des ronces qui ensanglantent nos pas, sans se laisser intimider par les rochers qui se dressent devant une nature toujours prête à demander merci ; la vertu chrétienne qui consiste à n'obéir qu'à la loi de Jésus-Christ en disant à nos passions : « je ne vous connais pas. » Quand on a rencontré la sainteté chrétienne on a rencontré la grandeur et on peut applaudir ; mais quand on la rencontre dans un jeune homme on peut applaudir deux fois ; pourquoi ? Parce que cet âge a plus d'obstacles à vaincre et par conséquent plus de mérite à remporter la victoire. Il y a sans doute de la grandeur dans la sainteté des vieillards et l'on éprouve à son aspect quelque chose de ce sentiment religieux que nous inspire la vue d'un antique sanctuaire où les tremblants reflets de la lampe ne tombent que sur des murailles brunies par l'encens des longs sacrifices. Mais les vieillards s'il en est dans cette assemblée me dispensent de leur rendre hommage et ils sont les premiers à reconnaître une grandeur incomparable dans la sainteté d'un jeune homme qui au milieu des tentations du monde, environné de scandales, aux prises avec ses amis, avec ses proches quelquefois, en dépit de tous les assauts, de tous les sarcasmes, de tous les mauvais exemples, dix mille tombant à sa droite et dix mille à sa gauche, reste debout dans le respect de lui-même, dans l'honneur de son âme et par toutes ses actions s'écrie comme dans le poète :

Je suis chrétien Néarque et le suis tout-à-fait.

'Non, je le répète, rien n'est grand comme le jeune homme qui se fait ainsi le martyr, le témoin de Jésus-Christ dans le monde, et si rien n'est aussi grand, d'un autre côté je ne connaîs rien qui soit plus beau. Un front de dix-huit ou vingt ans a toujours des charmes ; mais quand sur ce front resplendit une âme innocente, immaculée, et que Dieu lui-même resplendit dans cette âme où il habite par sa grâce, qui donc devant ce spectacle ne se sentirait touché d'attendrissement et d'amour ? Les êtres sans raison eux-mêmes n'y furent pas toujours insensibles. Jadis, au temps de Vulpius, quand sous les yeux de cent mille spectateurs, sur le sable ensanglanté de l'amphithéâtre les lions bondissaient furieux et rugissants de rage, il arrivait parfois qu'on leur jetait quelque jeune chrétien à dévorer. Or, en pareille occasion, il n'était pas rare, qu'à la vue d'une victime si pure et si belle, les lions sentissent tout-à-coup se calmer leur colère ; on les voyait comme étonnés d'eux-mêmes, s'approcher timidement du jeune chrétien jeté à leur pâture, se coucher à ses pieds et les caresser avec je ne sais quelle sorte de sauvage respect.

Et si, un jeune homme chrétien, chrétien dans toute l'étendue de ce mot, chrétien jusqu'à la sainteté, est ce qu'il y a de plus grand et de plus beau ici-bas, n'est-ce pas aussi ce qu'il y a de plus heureux ?

O folie des pauvres jeunes gens qui n'ont rien de plus pressé que de secouer le joug de la piété chrétienne pour prendre celui de leurs passions et qui s'imaginent que la jouissance est la même chose que le bonheur, tandis que le bonheur n'a pas d'ennemi plus mortel que la jouissance même. Oui, voulez-vous être heureux, chers écoliers; voulez-vous connaître et savourer le secret de la seule véritable félicité qui existe dans notre vallée de larmes ? Aimez fidèlement Jésus-Christ, et par amour pour lui, respectez-vous vous-mêmes sous le regard de Dieu. Jésus-Christ est le principe de toute joie; il s'applique à remplir, à satisfaire le cœur de ceux qui l'aiment, et jusque parmi les épreuves les plus cruelles, il a pour eux des consolations qui *surpassent tout sentiment*, comme dit l'apôtre.

Quand je vous parlais tout-à-l'heure de ces affreux supplices auxquels notre Vulpius fut probablement soumis, vous étiez peut-être tentés de vous apitoyer sur l'excès des souffrances qu'il eut à endurer. Je ne nie certes pas la réalité des souffrances, je crois au délire de douleur qui en était la suite naturelle, mais je suis sûr qu'au même moment, dans une autre région de l'âme, dans une région supérieure, le Dieu de toute consolation, Jésus-Christ Notre-Seigneur produisait chez Vulpius, un délire d'une autre sorte; je suis sûr qu'il y produisait quelque mystérieuse ivresse qui dédommageait amplement le jeune héros de la torture de ses membres.

Enfants, jeunes gens, imitez Vulpius votre modèle, imitez-le jusqu'à la sainteté, imitez-le jusqu'au martyre, s'il le faut, et vous serez grands comme lui, et vous serez beaux comme lui, et vous serez heureux comme lui.

Mais ne vous contentez pas de l'aimer et de l'imiter, entourez-le aussi de pieux hommages, car il ne vient pas seulement pour être votre ami et votre modèle, il vient pour être votre protecteur. C'est ce qui me reste à dire en peu de mots.

III

J'arrive donc au troisième titre du jeune saint venu de Bozra avec son manteau d'écarlate, et qui est si gracieux à voir sous son vêtement d'honneur.

Oui, Vulpius sera un protecteur pour le Pensionnat des chers Frères et pour ceux qui l'habitent.

Il sera votre protecteur, chers enfants, un protecteur que tout recommande à votre vénération, et à votre culte.

N'oubliez pas d'abord que ce protecteur, c'est Rome qui vous l'a destiné comme tel, et cela à une époque où tout ce qui nous vient de Rome doit nous être particulièrement cher et sacré. Les lettres patentes qui accompagnaient le corps de notre jeune saint, déclarent que l'intention de Rome a été, en vous l'envoyant, de donner au pensionnat des Frères de la doctrine chrétienne, institué à Bordeaux, un protecteur qui le couvrira d'un puissant patronage. Précieuses lettres patentes ! Un jour, dans cent ans d'ici, celui qui les retrouvera dans les archives de votre établissement remarquera la date de cette pièce, et se souvenant des malheurs qui accablaient Rome et la Papauté en l'an de grâce mil huit cent soixante-dix-sept, il se dira à lui-même : en cette année là, au mépris de toutes les lois divines et humaines, la capitale du monde catholique avait été sacrilégement envahie par l'étranger. Le Pape n'avait plus qu'un sceptre de roseau ; le Vatican n'était plus pour lui qu'une prison et un calvaire ; sous prétexte de décrets et de lois, les usurpateurs du patrimoine de St-Pierre s'occupaient d'ourdir un lacet définitif pour étrangler à jamais la liberté de l'Eglise ; ils se hâtaient de creuser une fosse éternelle pour y enterrer la Papauté. Pie IX, comme un astre fatigué, se couchait à l'horizon ; l'horizon était chargé d'orages et une nuit formidable menaçait de plonger la terre dans des ténèbres sans exemple.

Le lecteur qui fera ces réflections en conclura que de pareilles circonstances durent rendre doublement auguste au pensionnat des chers Frères le trésor dont Rome se dépouillait pour lui en faire présent.

Et voici une autre considération qui s'ajoute à la précédente, pour recommander Vulpius à vos meilleurs hommages. C'est que Vulpius, ce protecteur que Rome vous a nommément destiné, sera présent au milieu de vous d'une façon sensible et palpable, en ce sens qu'il y sera présent par les reliques de cette chair qui fut la demeure de son âme, la sœur de son âme, suivant une expression de Tertullien, et plus que la sœur de son âme, une seule personne avec elle.

Il sera présent au milieu de vous par cette chair qui fut l'héroïque complice de ses glorieux combats et qui un jour en partagera la récompense. Telle est, en effet, l'alliance de la chair avec l'âme que la mort peut bien être autorisée à l'interrompre, mais non point à la briser définitivement. Elle n'est donc pas définitivement brisée l'union de l'âme de Vulpius avec les restes de sa dépouille mortelle. En attendant gardez-vous de croire que notre bienheureux se désintéresse du sort qui est fait à ses reliques.

Là où sont les reliques des saints, là les saints sont présents, d'une présence spéciale qu'ils manifestent par les faveurs qu'obtient la dévotion des fidèles en priant devant ces restes vénérables.

Hic requiescunt beneficia sanctorum. Ici reposent les bienfaits des saints, dit hardîment une inscription romaine gravée au frontispice d'un sanctuaire où sont conservées de nombreuses reliques. Avec la même hardiesse, je dirai que désormais les bienfaits de Vulpius reposeront, ici, sous cet autel, où s'immole chaque jour celui qui est l'Agneau de Dieu et le Roi des martyrs. Ils reposeront sous cet autel, ne demandant qu'à s'épancher, qu'à se répandre sur ceux qui voudront les recevoir.

Remarquez-le enfin, ce protecteur que Rome vous a nommément destiné, ce protecteur qui demeurera présent au milieu de vous d'une façon sensible et palpable, il sera exclusivement tout à vous. Et pourquoi exclusivement ? Parce que, inconnu au reste du monde, il n'aura pas d'autres clients que vous-mêmes, pas d'autres hommages que ceux dont votre piété l'entourera.

Pressez-vous donc autour de ce céleste patron, vous tous qui habitez cette demeure, maîtres et élèves, placez-vous avec confiance sous sa garde, invoquez son intercession auprès de Dieu; en un mot, montrez-vous dignes, par le culte que vous rendrez à saint Vulpius, de l'inestimable honneur que vous aurez de partager avec le ciel la possession de ce jeune bienheureux : au ciel son âme, à vous ses reliques.

Un poète du IVe siècle nous a décrit l'enthousiasme avec lequel les chrétiens célébraient jadis la mémoire de ceux qui avaient versé leur sang pour Jésus-Christ. « Lorsque, dit-il, le cours de l'année nous ramène le jour anniversaire de la fête d'un martyr, on voit des troupes innombrables de fidèles accourir au tombeau de celui-ci. Quels concerts immenses de vœux et de prières ! ajoute-t-il... De tous côtés, sur toutes les routes on entend les frémissements d'une joie bruyante... A peine les vastes campagnes suffisent-elles à la foule qui se multiplie ; même au milieu de la plaine on voit des bandes trop compactes réduites à s'arrêter. » (*Prudence Carmen Sⁱ-Hippolyti*).

C'est ainsi que Vulpius aurait été honoré par nos pères, si nos pères l'avaient connu.

Vous qui le connaissez et qui serez seuls à le connaître, honorez-le comme nos pères l'eussent fait.

Je me résume et je finis.

J'avais à dire : Quel est ce bienheureux qui est venu de Bozra, venu des catacombes, avec un manteau d'écarlate et qui est si beau à voir sous son vêtement d'honneur.

En réponse à cette question j'ai dit que Vulpius se présente aux élèves du Pensionnat des chers Frères avec trois titres principaux :

C'est un ami qui les aime et qu'ils doivent aimer ;

C'est un modèle qu'ils doivent imiter ;

C'est un protecteur qu'ils doivent honorer.

Et maintenant puisse ce jour de la translation solennelle des reliques de saint Vulpius et de son intronisation dans la chapelle du Pensionnat des chers Frères, consacrer le bien si considérable que cette institution a déjà accompli, et être l'heureux présage du bien plus considérable encore qu'elle est appelée à faire.

Puisse ce Pensionnat déjà si prospère et qui a commencé comme finissent les plus favorisés de Dieu et des hommes, puisse-t-il prospérer et grandir encore sous les auspices et la garde de son nouveau protecteur.

Puisse cette école, source de régénération chrétienne pour une classe nombreuse et influente de la cité bordelaise, devenir une source de salut social pour la patrie, pour la nation tout entière.

Toute école où se forment des chrétiens est une école où se forment par là même les sauveurs que la France attend, les seuls sauveurs qui puissent l'empêcher de périr.

On lit ceci dans l'histoire du fameux Albuquerque. Ce navigateur célèbre, faisant voile vers des rivages inconnus, fut assailli par une violente tempête. La mer mugissait, le vent tordait et brisait la mâture, et le gouvernail menaçait d'échapper à la main du pilote. Le danger était à son comble. Albuquerque avait pâli et tremblait pour la première fois. Mais un enfant tout jeune encore était là non loin de lui. Saisi tout-à-coup d'une inspiration sublime, le capitaine prend cet enfant entre ses bras et l'élevant vers le ciel courroucé : « Mon Dieu, s'écrie-t-il, moi je mérite votre colère, mais cet enfant il est pur et innocent devant vos yeux, au nom de l'innocence ayez pitié de moi » et Dieu se laissa fléchir.

Or, je vous le demande à vous tous qui m'entendez, ne

vous paraît-il pas que le vaisseau qui porte les destinées de la France se trouve un peu dans la même situation que le vaisseau d'Albuquerque ? Est-ce qu'il ne vogue pas vers l'inconnu ? est-ce que l'orage ne gronde pas ? est-ce que les abîmes ne sont pas ouverts de toutes parts ? est-ce que la mâture n'est pas tordue et brisée ? est-ce que le gouvernail ne menace pas... d'échapper...? Je n'achève pas.

Le vaisseau périra-t-il, oui ou non ?

Il ne périra pas ; mais à une condition : c'est qu'il sortira de nos écoles une génération trempée dans l'esprit chrétien et que la France prenant entre ses bras cette génération nouvelle, pourra la montrer au Ciel en criant à Dieu : « Seigneur, » pour avoir été ingrate envers votre Christ, j'ai mérité votre » colère; mais voici une génération meilleure, voici une géné- » ration chrétienne, au nom de cette génération, ayez pitié » de moi. »

Que Dieu sauve la France ! Amen.